ARTHUR HEULHARD

LA
FOURCHETTE HARMONIQUE

HISTOIRE

de cette

Société musicale, littéraire et gastronomique

AVEC DES NOTES

SUR LA

Musicologie en France

PARIS

ALPHONSE LEMERRE, LIBRAIRE

47, Passage Choiseul, 47

—

MDCCCLXXII

Remplaçant

551

41534

LA

FOURCHETTE HARMONIQUE

Paris. — Imprimerie Alcan-Lévy
61, Rue de Lafayette, 61

ARTHUR HEULHARD

LA
FOURCHETTE HARMONIQUE

HISTOIRE

de cette

Société musicale, littéraire et gastronomique

AVEC DES NOTES

SUR LA

Musicologie en France

PARIS

ALPHONSE LEMERRE, LIBRAIRE

47, Passage Choiseul, 47

—

MDCCCLXXII

TABLE

LA
FOURCHETTE HARMONIQUE

I

EN FORME DE PROLOGUE

ORMES est un chef-lieu de canton du Morvan, campé sous les montagnes, à la lisière des bois.

C'est mon pays, et j'y retourne quelquefois; seulement j'y évite cette sieste de l'esprit dans laquelle la province se complaît, et de mon mieux je me tiens éveillé en compagnie de quelques bons drilles de mes amis.

C'est chez l'un d'eux que se rédige en partie la gazette locale, celle qui se passe tout naturellement d'imprimeur, tant les colporteurs de nouvelles sont nombreux, agiles et bien disciplinés.

J'étais à Lormes, il y a deux mois. A peine descendu de la diligence, je courus chez mon ami.

J'entrai : la discussion engagée sur une dépêche venue de Paris était très animée, et les têtes paraissaient échauffées.

Un des rhéteurs m'apostropha vivement :

— Ne vous tiendrez-vous donc jamais un peu en paix dans votre satané Paris ! Vous avez voulu l'avoir, cette fameuse République, vous l'avez ! que vous faut-il de plus ? Ah ! si j'étais au ministère pendant vingt-quatre heures ! je ne demande que vingt-quatre bonnes petites heures pour en finir avec ce solde (enflant ses poumons et faisant provision d'air) de... *Parisiens !* Comme je vous fusillerais tout cela ! (On ne sait pourquoi, dans un certain monde, chacun a la prétention de vouloir faire cette besogne mieux qu'elle n'a été faite.) Et les jour-

nalistes ! En voilà que j'arrangerais, les journalistes ! autant les républicains que les
légitimistes, les bonapartistes que les orléa-
nistes ! Je commencerais par supprimer tous
les journaux, sans en excepter aucun !....

— Mais, insinuai-je timidement, il y a des
journalistes qui...

— Qui, quoi ?

— Il y a, dis-je, une certaine catégorie de
journalistes qui se soucie fort peu de vos
creuses théories politiques, qui s'est attribuée
un autre domaine tout aussi intéressant à
explorer...

— Quelle catégorie ? Citez-nous laquelle ?

— Dame, par exemple, celle qui étudie
les beaux-arts, la peinture, la sculpture, l'architecture, la musique..... Je vous citerai
encore le groupe qui constitue la société de
la *Fourchette harmonique*...

A ce mot singulier jeté au beau milieu
d'une conversation politique, je fus inter-
rompu par des exclamations étonnées aux-

quelles succédèrent de petits éclats de rire poliment étouffés. Il était évident que cette expression avait produit un effet de stupéfaction.

— Oui, repris-je, dans l'éloignement où vous voyez la société parisienne, vous ne voulez pas croire aux journalistes de la *Fourchette harmonique*. Cependant, ils et elle existent.

— Qu'est-ce donc que cette *Fourchette harmonique?*

— *La Fourchette harmonique?* Ce que c'est.... Eh bien! je vous l'écrirai de Paris, et sur beau papier et en jolis caractères elzéviriens..... Comme si le public devait partager votre curiosité sur cette société musicale et gastronomique.

II

COMMENT NAQUIT LA FOURCHETTE HARMONIQUE

ET QUELS FURENT SES PARRAINS

EN 1863, Albert de Lasalle et Ernest Thoinan venaient de terminer leur livre qui a pour titre : *la Musique à Paris*, sorte de guide critique, gros de faits et de dates, à travers l'histoire de l'art musical et de ses monuments dans la capitale.

Quand tout fut classé, mis au net et prêt à livrer à l'impression, nos deux collaborateurs se regardèrent en face, poussèrent un long soupir de soulagement, et l'on entendit Thoinan pérorer comme il suit :

« Avez-vous remarqué, mon cher ami, combien il nous a été incommode d'établir l'ordre dans les matériaux qui composent notre ouvrage, et combien il est difficile, tant il y a de lacunes dans l'histoire littéraire de notre musique, de mettre chaque chose à sa place avec une apparence de plan ou de méthode? Que d'erreurs de chronologie dans lesquelles nous pouvions tomber, que de fausses attributions d'ouvrages, que de faits insignifiants mis en relief, et que d'importants laissés dans l'ombre ! Il semble, en vérité, que les Français, d'ailleurs assez soigneux de leurs gloires littéraires et philosophiques, se soient désaffectionnés, par contre, des grandes figures que laissent voir leurs arts : ils laissent aller à la dérive les matériaux les plus solides de l'histoire de leur esprit ! Ils laissent pourrir sur pied l'abondante moisson qu'ont semée leurs pères ! Voyez, au con-

traire, comme les nations qui nous envi-
ronnent récoltent et emmagasinent patiem-
ment, et comme elles savent, à l'heure des
revendications, nous jeter à la tête le catalogue raisonné de leurs richesses. Regardons
autour de nous : tenez, voici cette intéres-
sante colonie flamande, république indus-
trieuse et vivace : à côté de ses peintres elle
a eu ses biographes qui suivaient les premiers pas à pas, et les registres de ses corporations sont là, ouvrant généreusement leurs
feuilles jaunies, pour suppléer à ce qui leur
a échappé de menus détails. Voici l'Allemagne ; qui doute aujourd'hui qu'elle sache
tirer parti de tout ? Voilà l'Italie enfin ; pas
un homme célèbre, ou simplement connu,
dont l'éloge ne soit étiqueté quelque part et
prêt à servir : Vasari et Lanzi pour la peinture, Martini pour la musique, n'ont rien
oublié qui ne fût digne de la mémoire de
leur pays. Sur la *piazza* de Vérone, de Flo-
rence, de Naples ou de Venise, le premier en-

tant venu que vous arracherez au jeu, vous servira de cicerone dans les monuments de sa ville natale; et ne redoutez point l'ennui en sa compagnie, car il vous fredonnera en route du Pergolèse ou du Cimarosa. N'en demandez pas tant à un Français d'un âge mûr.

« Aussi, qu'en est-il résulté d'abus! Que de faux poids dans la grande balance de la critique et que de plateaux en état de vagabondage! Et, pour parler moins abstraitement, que de théories contre lesquelles le bon sens crie vengeance! que de jugements circulent qui ne portent point et se corrompent en chemin! Ici la mauvaise foi et la partialité; là, les camaraderies insolentes et les fétichismes criants. Au milieu, les polémiques retentissantes mais stériles, fruits d'amours-propres violemment surexcités, qui détournent l'attention du public de son vrai point de mire, qui escamotent ceux-ci, proscrivent ceux-là, dissipent le temps, égarent l'opinion, frappent les cymbales et se débattent dans le bruit qu'elles causent, toutes grisées des réponses de l'écho. Alors qu'il serait si bon.....»

(Ici la voix de l'orateur prit des inflexions tendres et reposées, celles qui conviennent, par exemple, à la lecture de la description de la Bétique, dans les *Aventures de Télémaque*, et son œil s'illumina de la flamme prophétique.).... « Alors qu'il serait si bon, dit-il, de vivre en paix dans l'admiration de nos beaux génies musicaux, de reconstituer petit à petit nos annales artistiques et d'en renouer le fil là où il s'est brisé et traîne à terre, alors qu'il serait si doux de jouir à son aise, sans parti pris d'école ni de genre, de toute page vraiment grande, harmonieuse, mélodique, en attendant que l'admiration et le respect de celles-là ne fasse naître chez nous leurs égales, alors qu'il serait si sain, si sage de ne point trop précipiter ces furieux mouvements en avant qui menacent l'avenir et compromettent le passé........ »

Et les belles raisons tirées de la logique de
Port-Royal se pressaient dans la cervelle de
notre ami, si nombreuses et si jalouses de ne
point se céder le pas entre elles, qu'il s'ar-
rêta tout à coup, dans l'attitude de l'homme
qui cherche à savoir jusqu'à quel point ses
paroles constituent un monologue.

Mais Lasalle, qui avait été tout oreilles,
reprit vivement la suite de ce discours nesto-
rien : « Oui, dit-il, je devine... Vous ne
seriez pas trop éloigné de l'idée d'éprouver le
bien que pourrait faire une association de
critiques, de littérateurs, de bibliophiles spéciaux, reliés entre eux par une passion commune pour les choses de la musique et du
théâtre, qui se placeraient à votre point de
vue, ne seraient inféodés à aucune coterie
militante ou secrète, garderaient chacun son
fonds d'appréciations personnelles en dehors
de l'association, et ne se rencontreraient sur
le terrain de la parfaite communion d'idées
que dans un seul but, celui de faire prospérer

la littérature musicale. Parbleu ! vous me la baillez belle ! Ce serait là l'unique statut de la société auquel il faudrait jurer fidélité… Votre projet a du bon, mais il faut combattre cet esprit de réglementation qui souffle sur nous des deux pôles. On est toujours assez gouverné en ce monde et l'on se heurte à des articles de code en quantité très suffisante pour que nous n'y ajoutions point en marge, à propos d'une simple société d'amateurs et d'honnêtes gens, ce qu'on est convenu d'appeler un *règlement*, et cela fort improprement, car ce n'est autre chose qu'une agglomération de précautions défiantes qui ne désignent personne et visent tout le monde. Sans compter que c'est une meule à broyer des aliments pour la vanité humaine, si l'on considère qu'elle crée les platoniques dignités de président, de secrétaire, de syndic, voire même celle de trésorier, qui serait de plus une sinécure chez des gens de lettres.

— Ainsi, pas de règlement ?

— Non, par amour de Dieu ! Vous imagi-
nez-vous une société de quelques membres,
une vingtaine peut-être, gémissant sous le
poids d'une constitution de deux cents articles, plus qu'il n'en faudrait pour administrer
convenablement un État ? Elle mourrait à la
peine. Il nous sera simple et commode d'ac-
complir notre besogne de propagateurs du
goût musical par nos feuilletons, par nos articles de revues, par nos livres et nos recherches bibliographiques. Il nous suffira de
multiplier nos outils de travail, de nous
attacher des collectionneurs dont les biblio-
thèques nous soient ouvertes et d'y puiser la
gaie science à sa source. Et, tenez, puisque
le mot *gaie science* nous emmène loin du
présent, que ne faisons-nous comme faisaient
nos pères au bon vieux temps ? Ils banque-
taient volontiers ; le plaisir de la table est
comme un tremplin pour la verve. Renouve-
lons « cette bonne philosophie à laquelle
toujours besoin sera de revenir. » Dressons

chaque mois notre table, mettons-y la nappe blanche, posons aux quatre coins les brocs pleins de purée septembrale et clouons sur la porte l'inscription qu'on lisait, quand vivait Rabelais, sur l'huis de l'abbaye de Thélème :

> « Cy n'entrez pas, hypocrites, bigots,
> Cy n'entrez pas, maschefains, praticiens,
> Clercs, basauchiens, mangeurs du populaire,
> Cy n'entrez pas, vous usuriers, chichars,
> Cy n'entrez pas, vous rassotez mastins,
> Soirs ny matins, vieulx chagrins et jaloux. »

Vivons à l'instar des Thélémites, « dont la vie estoit employée non par loix, statuts ou reigles, mais selon leur vouloir et franc arbitre. En leur reigle n'estoit que cette clause : *fay ce que tu vouldras.* » Et pourtant que Rabelais ne nous dit-il point de cette joyeuse confrérie ? « Par ceste liberté entrarent en loüable émulation de faire touts ce qu'à ung seul voyoient plaire. Si quelqu'ung disoit beuvons ! touts beuvoient. S'il disoit joüons ! touts joüoient. S'il disoit : allons à l'esbat ès champs, touts y alloient. Tant noblement estoient apprins qu'il n'estoit entre eux celluy qui ne sceust lire, escripre, chanter, joüer d'instruments harmonieux, parler de cinq à six languaiges, et en iceux composer, tant en carme qu'en oraison solüe. » Si ce programme n'est pas séduisant, tirons l'échelle. Il faut tenter l'aventure, convoquer pour un premier essai de gastronomie musicale quelques bons vivants, quelques fourchettes convaincues qui tombent dans l'assiette en cadence, en mesure, quelque chose comme des fourchettes...

— Harmoniques.

— Eh oui ! c'est cela ! des fourchettes harmoniques ! Vous y êtes ! Et, si vous le voulez, ne nous endormons pas sur un jeu de mots : réalisons : il y aura de par le monde une certaine *Fourchette harmonique* qui existera de fait et qui sera le nom réjouissant à l'oreille d'un cercle musico-gastronomique. »

Et c'est ainsi que la *Fourchette harmonique*

fut tenue sur les fonts baptismaux par les auteurs de *la Musique à Paris*, Ernest Thoinan et Albert de Lasalle !

La naissance de la *Fourchette harmonique* fut fêtée au Palais-Royal ; elle en était encore aux bégaiements du berceau qu'il lui était déjà poussé cinq dents, insolente précocité dont faillirent crever de dépit toutes les fourchettes de la terre. On doit voir d'après cela quelle fut la rage du Neptune des Tuileries, dont le trident, profondément humilié, pensa se rompre en mille éclats. Mais ces colères furent impuissantes : non-seulement les cinq maudites dents avaient percé, mais encore elles avaient été déclarées nées viables et inscrites, par précaution contre l'envie, au registre de l'état civil sous cinq noms différents. La première s'appelait, par ordre alphabétique, Alexis Azevedo, la seconde Albert de Lasalle, la troisième Arthur Pougin, la quatrième Ernest Thoinan, la cinquième Fr. de Villars. Il n'y avait rien à répliquer, l'acte était aussi valable que si tous les notaires de la machine ronde y avaient apposé leur seing. Bref, les fourchettes coalisées en furent pour leurs frais.

Mais quittons ce style de conte de fées : la *Fourchette harmonique* est aujourd'hui grande fille : elle a neuf ans et est hors des atteintes de son mauvais génie ; par sa précocité, elle a presque une histoire.

Nous demandons la permission de la raconter.

III

GALERIE D'ANCÊTRES

L'INTÉRÊT et la passion avaient marqué l'homme pour l'association : d'où les villes, et dans les villes les groupes, les cercles, les corporations, et cet esprit de discipline civique auquel la Suisse et les Flandres, par exemple, doivent leur affranchissement et leur autonomie actuelle.

Le culte des choses de l'esprit, qui est aussi un intérêt et une passion, occupe une place distinguée et même enviée dans la classification sociale. Toutes les fois que les artistes, les peintres, les littérateurs, les musiciens ont consenti à sortir de la vie privée pour s'assembler en corps et profiter des bénéfices de la vie publique, ils n'ont guère eu de peine à attirer à eux l'attention.

Il serait donc aisé de dresser la généalogie de la *Fourchette harmonique* et de reconstruire les spirituelles physionomies de beaucoup de ses ancêtres. Nous éprouverions même la satisfaction de ne point voir nos grands-pères détroussant les voyageurs sur les chemins, pendant leurs ennemis à la plus haute tour de leurs donjons, et creusant de formidables oubliettes à leurs prisonniers, comme la plupart des aïeux de nos grandes familles. La douceur des mœurs habituelles aux musiciens nous garantit contre les amertumes d'une semblable découverte, et la galerie d'ancêtres que nous nous formerions n'offrirait point, que nous sachions, les mines rébarbatives et les poitrines bardées de fer qui tapissent les murs des salles d'armes. D'ailleurs nous ne voulons pas remonter aussi loin dans notre histoire, et nous croirions courir grand danger de blâme auprès de nos archéologues en émettant l'hypothèse que le Phrygien Hyagnès, qui inventa la flûte, pourrait bien avoir été membre d'une *Fourchette harmonique* dans les colonies grecques de l'Asie-Mineure, il y a quelque mille ans.

Nous pouvons heureusement évoquer d'autres ombres, plus précises et plus sympathiques, et montrer aux curieux, comme le vieil intendant de quelque château séculaire, des portraits moins rebelles à l'analyse.

Voulez-vous, cher lecteur, visiter avec moi une salle choisie de la grande galerie des ancêtres de la *Fourchette harmonique?*

Suivez-moi.

Salut d'abord aux *Ménestriers* d'Auxonne ! Souliers à la poulaine, chausses collant à la jambe comme le maillot moderne, pourpoint serré et lacé sur la poitrine, tête rasée de près. Vous reconnaissez à ces signes caractéris-

tiques des personnages du quinzième siècle.
Oui, c'est l'époque à laquelle florissait cette
joyeuse compagnie bourguignonne. Je vous
les présente vers l'an 1447, après l'inaugura-
tion des halles d'Auxonne, où ils ont donné la
fleur de leur répertoire. Nulle confrérie
mieux que celle-ci, dans la contrée, ne jouait
d'instruments plus harmonieux et plus va-
riés : la vielle, le psaltérion, la rote, la gui-
terne, le rebec, la flûte behaigne et la sin-
fonie lui sont également familiers. Elle
triomphe sur la chevrette, l'instrument favori
du pays, et les noëls qu'elle entonne autour
d'un broc de vin, à la veillée, sont plus écou-
tés mille fois que les austères canons que les
experts en musique de monseigneur le duc
de Bourgogne lui chantent à sa Sainte-Cha-
pelle de Dijon.

Voici venir, deux siècles plus tard, sous
Louis XIII, le *Concert des Enfants de Bacchus* ; la trogne rouge et l'œil émérillonné,
ils sortent du cabaret de la *Pomme de Pin,*

chantant à pleine voix sur le quai Notre-
Dame, et riant à gros éclats, les effrontés! de
la mine étonnée des sergents. C'est qu'aujourd'hui ils se sont rassemblés pour *raisonner, au son des pots et des verres, les plus
beaux vers et chansons à sa louange, com-
posés par les meilleurs beuveurs et sacrifica-
teurs de Bacchus.* La besogne est terminée,
sans doute, et l'heure de *raisonner* écoulée.

Voici bientôt, sous le grand roi, la *Société
d'Amateurs de musique du château d'Issy.*
Un gentilhomme, ami et protecteur des arts,
M. de la Haye, s'est fait l'organisateur d'un
cercle important d'amateurs musiciens et de
chanteurs; il s'est transformé, pour quelque
temps du moins, en directeur de théâtre; il
a commandé à son architecte une salle de
spectacle assez spacieuse; il a réuni une
troupe où brillaient les noms les plus illus-
tres de France, et il advient qu'au mois d'a-
vril 1659, tout se trouve prêt au château
d'Issy pour la représentation d'*Alcidor*, pas-

torale, et premier opéra français représenté devant des Parisiens. On sait, en effet, que le point de départ de notre opéra national est cette pastorale dont la poésie était de l'abbé Perrin, et la musique de Robert Cambert, organiste de l'église Saint-Honoré. Et qui voyons-nous prendre l'initiative de tirer cette partition des ténèbres, et hâter ainsi l'éclosion du drame lyrique? un simple groupe de dilettantes, qu'un ingénieux maître de maison a rapprochés les uns des autres pour deviser musique.

Ceux-ci que vous voyez, la tête perdue dans leurs longues perruques bouclées, entrer à la *Cornemuse* de la rue des Prouvaires, sont les *Frères de l'Ordre d'Orphée;* parmi eux, Philidor, la Montagne et Duché de le Verrier. Ils existent depuis 1705 et ont rendez-vous les mercredis de chaque semaine. Ils vont s'attabler tout à l'heure, se coiffer préalablement du bonnet vert à bordure violette et se passer au bras le bracelet, car ce sont les insignes

de l'*Ordre d'Orphée*. La réunion est hebdomadaire, bachique et musicale ; ses statuts
portent perpétuellement à l'ordre du jour la
confraternité professionnelle.

Voici encore les *Enfants d'Apollon*, le
menton grassouillet enjaboté dans la den-
telle, la bouche souriante et quelque peu sen-
suelle, l'œil pétillant sous d'épais sourcils, le
front haut et fier, les cheveux soigneusement
poudrés et rejetés en arrière. Ce sont les *En-*
fants d'Apollon qui, vers la fin du dix-huitième siècle, firent une telle provision de
joyeux refrains et de philosophiques sentences
avant de tenter la traversée de la Révolution,
qu'ils doublèrent les caps de 1793 et de 1815,
le cap de 1848 et celui de 1852, se contentant
de les saluer en passant, du haut de leur
insouciance, avec leur courageuse gaité. La
Société des *Enfants d'Apollon*, créée depuis
1741, a compté dans ses rangs les noms les
plus charmants de la littérature polie et de
l'art de bon ton : c'est Chardiny, le baryton

compositeur d'opéras pour le théâtre Beaujolais ; c'est Hoüel, le peintre du roi, paysagiste et graveur ; c'est Duport, le violoncelliste ; c'est François Dumont, de l'Académie de peinture ; puis, que sais-je ? Nicolas Guénin, l'auteur de romances ; Chénard, une des meilleures basses qu'ait eues l'Opéra-Comique ; Miger, un de nos graveurs les plus originaux, et cent autres pour lesquels je demande grâce.

D'ailleurs, vers la fin de la Révolution, il courut dans toute la France comme une fièvre d'associations patriarcales qui contrastait singulièrement avec la sombre couleur des événements politiques ; il semble qu'une voix secrète ait averti la France d'alors que ses fils allaient bientôt faire le tour de l'Europe après mille combats glorieux, et qu'elle n'ait point voulu les laisser partir sans leur avoir déposé au front son joyeux baiser de mère-patrie. En ces temps singuliers, le chirurgien Louis imaginait la guillotine et fondait la

Société badine la *Dominicale,* l'une et l'autre à ses moments perdus. Aujourd'hui que la guillotine est inventée et *passée dans nos mœurs*, chaque parti songe à l'exploiter contre les autres, et personne ne se met en tête de restaurer la *Dominicale.* Faut-il en conclure que la passion tue la gaîté ?

Ah ! revenez-nous, *Caveau, Diner du Vaudeville, Soupers de Momus* et *Lices chansonnières !* Revenez-nous, puisqu'on ne vous remplace pas !

IV

CE sont ces traditions de belle et forte confraternité, ces joies saines, ces rires sereins et expansifs où l'esprit retrempait sa lame, que la *Fourchette harmonique* veut continuer et appliquer, autant qu'il sera en son pouvoir de le faire, au développement de la littérature musicale.

Qu'on nous permette donc, afin que les races futures n'en ignorent, de dresser par notes succinctes et précises le tableau de la littérature musicale en l'an de grâce 1872.

La littérature musicale n'est point un vain
mot, une expression sonore créée à l'usage
de quelques-uns. Elle enveloppe au contraire
un personnel considérable dont les membres
jusqu'alors épars tendent visiblement à s'a-
gréger. Une des dernières venues à la cour
des lettres, elle s'est frayé son chemin toute
seule, marchant à petits pas et frappant à
petits coups pour conquérir son droit de cité.
Comme les autres branches de l'esprit à
l'image desquelles elle s'est formée, elle a,
elle aussi, sa théorie et sa politique, son
esthétique et sa philosophie, son histoire et
ses gazettes, et s'il lui manque des moralistes,
c'est qu'apparemment cette gent morose
n'aura point trouvé de vices à redresser dans
le royaume de l'harmonie.

On a fait justice ailleurs de la théorie erro-
née qui parque au dix-huitième siècle le beau
temps de la littérature musicale. S'il est vrai
qu'à cette époque de fermentation générale,
où l'on se passionnait pour tout, les ques-

tions de musique ont eu l'heureux privilége
d'attirer autour d'elles les noms les plus bril-
lants des lettres françaises, il sera également
vrai qu'un bon nombre des grandes intelli-
gences dont s'honore le dix-neuvième siècle
se sentaient enflammées à ce contact entraî-
nant et cherchaient à analyser leurs sensa-
tions. Rousseau, Marmontel, d'Alembert,
Cazotte, Grimm, Suard, voilà certes des
noms qui triomphent à la citation !

Mais ne sommes-nous pas bien armés pour
la riposte ? Ne pouvons-nous pas citer, parmi
les glorificateurs contemporains de la musique : Méry, qui consacra maints articles à
la louange de *Robert le Diable*, de *Sémi-*
ramis et de Rossini ; Alfred de Musset,
qui donna plus d'une page émue sur le
Théâtre-Italien à la *Revue des deux Mondes* ;
Lamennais, qui écrivit dans son livre sur *le*
beau, son chapitre sur le *beau* musical ; Bal-
zac, qui a laissé deux fantaisies musicales,
Gambara et *Massimilia Doni*. Qui encore ?

Henri Heine, Stendhal, Vitet, Philarète
Chasles. Guizot, qui fut dilettante dans sa
jeunesse, a témoigné de son admiration pour
Méhul..... en vers, ma foi ! N'a-t-on pas vu
le président Troplong aspirer à descendre
furtivement du fauteuil sénatorial et laisser
une trace de son passage à la *Revue Contemporaine* qui publia son étude sur l'*Armide*
de Gluck ?

Actuellement il ne paraît pas moins de
vingt volumes par an sur la matière musicale, et traitant de biographie, de bibliographie, d'histoire de théâtres lyriques, de plain-
chant, de polémique, d'enseignement, de
facture instrumentale, d'acoustique, etc.......
La Fourchette harmonique, pour sa part, a
livré à la circulation plus de soixante volumes, et elle en tient encore autant prêts à
paraître.

Mais nous n'entendons pas renouveler ici
la querelle des anciens et des modernes ; nous
devons simplement constater qu'en ce siècle,

et particulièrement dans ces dix dernières
années, le journalisme spécial, puissamment
aidé par les savants et les curieux qui cir-
conscrivent leurs investigations dans le
domaine musical, s'est acquis une sorte de
logique patiente et sûre qu'il est loisible de
préférer à la phraséologie sentimentale et
métaphysique dont Rousseau apprit le secret
à la critique de son temps.

Nous ajouterons que le dix-huitième siècle
n'a guère compté que six journaux de musique. Ce chiffre, comparé à la fécondité du dix-
neuvième, qui, d'après les calculs de notre
ami Thoinan, a donné naissance a près de
cent feuilles exclusivement musicales, ce
chiffre, disons-nous, fait piteuse mine.

Voici, pour le moment, l'état du feuilleton
et du journalisme musical.

Critiques spéciaux :

MM. Blaze de Bury, à la *Revue des deux Mondes*.
Guy de Charnacé, au *Bien public*.

COMETTANT, au *Siècle*.
PIERRE DU CROISY (Ernest Dubreuil), à *la France*.
FRÉDÉRIC......(1) au *Paris-Journal*.
VICTORIN JONCIÈRES, à *la Liberté*.
BÉNÉDICT JOUVIN, au *Figaro*.
ALBERT DE LASALLE, au *Monde illustré*.
EDMOND NEUKOMM, au *Matin*.
ARTHUR POUGIN, au *Soir*.
ERNEST REYER, aux *Débats*.
DE THÉMINES-LAUZIÈRES, à *la Patrie*.
SYLVAIN SAINT-ÉTIENNE, à *l'Événement*.
JOHANNÈS WEBER, au *Temps*.
XX. (Édouard Fétis), à *l'Indépendance belge*.
Etc....

Critiques dramatiques et musicaux :

MM. XAVIER AUBRYET, au *Petit Moniteur*.
FRÉDÉRIC BÉCHARD, à la *Gazette de France*.
DANIEL BERNARD, à *l'Union*.
GUSTAVE BERTRAND, au *Nord*.
PAUL FOUCHER, à *l'Opinion Nationale*.
HIPPOLYTE HOSTEIN, au *Constitutionnel*.
B. JOUVIN, à *la Presse*.
CH. DE LA ROUNAT, au *XIXe Siècle*.
CH. DE LA MOUSELLE (Ch. Deulin), au *Pays*.
PAUL DE SAINT-VICTOR, au *Moniteur universel*.
SAVIGNY (Henri Lavoix), à *l'Illustration*.

Journaux de musique qui ont survécu à la guerre :

La Revue et Gazette Musicale, directeur : BRANDUS et DUFOUR.

L'Art Musical, directeur : L. ESCUDIER.

Le Ménestrel, directeur : E. HEUGEL.

La nouvelle France Chorale, directeur : CAMILLE DE VOS. Rédacteur pour la partie littéraire: CHARLES COLIGNY.

L'Orphéon, directeur : HENRY-ABEL SIMON.

Il est juste d'ajouter à cette liste de la presse musicale de Paris les noms de MM. de Coussemaker, *le bénédictin de Lille;* Labat, de Montauban; Schwab, de Strasbourg; Bénédit, du *Sémaphore* de Marseille; Amédée Méreaux, du *Journal de Rouen;* Paul Lavigne (Anatole Loquin), de la *Gironde,* de Bordeaux; Jules Carlez, du *Moniteur du Calvados,* tous écrivains dont les solides travaux sur la musique sont appréciés comme il convient par leurs confrères de Paris.

J'en oublie, et des meilleurs peut-être ; qu'on pardonne à la mémoire encombrée d'un pauvre bibliophile qui eût voulu mieux faire !

Au Conservatoire, après soixante-seize ans de retards, d'hésitations, la chaire de littérature musicale vient enfin d'être inaugurée. Le règlement constitutif du 15 messidor an IV portait, comme complément de l'enseignement au troisième degré, l'établissement d'une *suite de cours dans lesquels la théorie générale et l'historique de l'art musical* devaient être *traités sous tous les rapports*. Ce programme, d'ailleurs bien complexe et bien lourd pour les épaules d'un seul professeur, était resté lettre morte et n'avait été observé, que nous sachions, sous aucun régime directorial. C'est ainsi que fonctionnent chez nous la plupart de nos administrations : ici l'on a oublié des articles organiques ; ailleurs on se prosterne devant des consignes imaginaires et depuis longtemps abrogées.

La *Société des compositeurs de musique* apporte, elle aussi, un aliment solide à la littérature musicale : elle a, tout dernièrement, entrepris de rendre à la vie et à la lumière de l'exécution ces premiers essais de nos compositeurs nationaux, ces jalons de notre musique dramatique perdus dans l'ombre du moyen âge, et qui sont comme la période d'incubation de l'art français. Elle nous a fait entendre cet hiver *le Jeu de Robin et de Marion*, d'Adam de la Hale (treizième siècle), tige sauvage sur laquelle fut greffé notre opéra comique et dont les mélodies étaient devenues populaires chez nos pères. Il n'y a pas un mois qu'elle nous transportait, comme par miracle, aux noces du duc de Joyeuse, où nous assistions comme contemporains de Charles IX au *Ballet Comique de la Royne* (de Balthazar de Beaujoyeux).

D'autres sociétés d'amateurs et de virtuoses se sont formées qui, sous la direction d'hommes savants, énergiques et désintéressés, ont ouvert la plus large place dans leurs concerts à l'archéologie musicale : la *Société Bourgault-Ducoudray*, qui ressuscite fragment par fragment l'œuvre des Arcadelt, des Vulpius et des Roland de Lassus ; la *Société de musique sacrée*, M. Charles Vervoitte à sa tête, qui évoque devant nous les traditions du concert spirituel, cette école de laquelle sont sortis pendant près d'un siècle la plupart des maîtres français; la *Société philharmonique de Paris,* fondée par M. Paul Ramond, qui, sans s'arrêter aux genres et aux styles, inaugure un éclectisme qui rendra d'éminents services à ceux qui ne veulent juger que par la comparaison pratique.

En 1832 et 1833, M. Fétis, qui n'a pas commis, il faut l'avouer, que des erreurs, avait conçu l'excellente idée d'organiser des *Concerts historiques* où il passait en revue la musique de chaque siècle sous ses différentes formes et manifestations, à l'église, au

concert, au bal. Motets avec chœurs, sym-
phonies, airs de cour, vieilles chansons,
concertos de chambre pour mandoline, luth,
viole d'amour, basse de viole et clavecin,
basses-danses, sarabandes, courantes, alle-
mandes, tout cela traversait gaiment le
programme, entremêlé de dissertations et de
commentaires qui ajoutaient au piquant
attrait de la curiosité le solide plaisir de l'érudition. Il est à souhaiter que ces auditions
soient reprises sur le même plan. Avec le
personnel d'instrumentistes, de chanteurs
et de conférenciers que Paris attire à lui, ces
séances périodiques, revêtant un tel caractère
d'intérêt historique, pourraient répandre et
généraliser le goût bienfaisant des études
d'archéologie musicale.

V

DE LA BIBLIOPHILIE MUSICALE

A littérature musicale se vend; donc elle existe.

En 1861, vente de la collection théâtrale Filippi qui contenait, en dehors de la littérature dramatique, une grande quantité d'ouvrages sur la musique proprement dite.

En 1862, vente Gaetano Gaspari, à laquelle on remarqua surtout les commentaires complaisants que M. Fétis, venu tout exprès de Bruxelles pour faire étalage d'érudition, lançait au public après l'adjudication de chaque article.

La même année, vente Adrien de la Fage. Sa bibliothèque musicale était la plus importante qui ait été mise aux enchères jusqu'alors. C'est à cette vente que commença le mouvement ascensionnel de la bibliophilie musicale.

Au mois d'avril 1866, vente Farrenc, dont les proportions dépassèrent celles de la précédente. Une plaquette, les *Amours de Ronsard*, mises en musique par Certon, Goudimel, Muret et Jannequin, fut vendue 320 francs. Une autre de vingt pages seulement, contenant un motet de Courtois, à quatre parties, imprimée en 1539, monta jusqu'à 625 francs.

En 1872, seconde partie de la vente Vincent, de l'Institut, dont la première partie avait été vendue en 1871. L'*Harmonie Universelle*, du père Mersenne, adjugée pour 200 francs à la vente Farrenc, monta à

335 francs à la vente Vincent. L'*Entretien des musiciens*, d'Annibal Gantez, *maître de la musique de l'insigne église de Saint-Etienne d'Auxerre*, un des livres les plus rares de la littérature musicale française, passa presque inaperçu et fut adjugé 41 fr. Il n'avait pas été mis sur table depuis la vente Bourret, en 1735, si ce n'est à la vente de Peignot, dont l'exemplaire était incomplet de quelques pages.

L'Orchésographie de Thoinot Arbeau, chanoine de Langres, est montée jusqu'à 900 fr. à la vente Pichon.

En réponse aux besoins toujours croissants des amateurs, il s'est établi deux librairies qui se sont fait une spécialité de livres rares et de partitions recherchées, l'une qui publie des catalogues intéressants à prix marqués, l'autre qui, portant plus haut ses prétentions, nous a donné déjà le spécimen d'un journal bibliographique paraissant tous les deux mois sous ce titre : *le Bibliographe musical*. L'éditeur auquel est due cette ingénieuse initiative a su s'entourer de collaborateurs qui en assurent le succès, et parmi lesquels on compte MM. Gustave Bertrand, G. Chouquet, l'abbé Lamazou, H. Lavoix fils, de la Bibliothèque nationale; Michelant, sous-directeur adjoint au département des manuscrits de la Bibliothèque nationale; Nuitter, archiviste de l'Opéra; Ch. Poisot, Ad. Populus, maître de chapelle; A. Pougin, Thoinan, Wekerlin, etc., etc.

D'autre part, heureuse innovation qui va trahir bien des secrets, la collection des archives de l'Opéra, réunies et classées par M. Nuitter, sera bientôt accessible à tous et rendue publique.

Enfin, les urgentes réformes que réclamait l'organisation de la Bibliothèque du Conservatoire sont en voie d'accomplissement. M. Wekerlin, qui, à son entrée dans ses fonctions de préposé, n'avait trouvé pour cicerone qu'un registre de titres accumulés pêle-mêle sous des rubriques à peine compréhensibles, termine un catalogue par cartes qui rendra la communication des volumes rapide et commode. C'est à lui qu'on doit l'établissement d'une réserve et le classement des doubles. Ses efforts pour combler les vides des collections sont enrayés fort mal à propos par l'insuffisance des fonds qui sont destinés aux achats : cette somme varie chaque année entre deux mille cinq cents à deux mille huit cents francs. C'est peu. Heureusement quelques hommes désintéressés viennent à la rescousse et se départent volontiers, en faveur du public, des raretés et des richesses bibliographiques qu'ils possèdent : témoin M. Schœlcher, député de la Seine, qui a fait dernièrement au Conservatoire le magnifique don de l'œuvre d'Händel qu'il a reconstitué, pièce par pièce, en Angleterre, collection unique et précieuse s'il en fût.

VI

Il est naturel de placer ici les noms des membres de la *Fourchette har-monique*. — Citons-les par ordre alphabétique :

ALEXIS AZEVEDO.

DANIEL BERNARD, critique dramatique et mu-sical de l'*Union*.

GUSTAVE BERTRAND, critique musical du *Nord*.

J. DE FILIPPI.

ARTHUR HEULHARD.

ALBERT DE LASALLE, critique musical du *Monde Illustré*.

MATHIEU DE MONTER.

Edmond Neukomm, critique musical du *Matin*.

Arthur Pougin, critique musical du *Soir*.

Louis Roger, rédacteur en chef de la *Réforme musicale*.

Ernest Thoinan.

F. de Villars.

Albert Vizentini, chef d'orchestre de la Gaîté.

Th. Wekerlin.

Le lecteur remarquera l'absence de celui que Murger appelait « le critique influent. » D'ailleurs, qui dit que ce critique daignerait apporter son *influence* comme cotisation à la *Fourchette harmonique* ?

Le voyez-vous, cet homme à gilet blanc, se renfermer dans l'olympienne majesté de l'isolement et du silence, s'y pétrissant de ses propres mains une renommée stérile pour l'art. Il a conçu dans le recueillement et dans l'unique fréquentation de sa personne un *moi* tellement fini, tellement inébranlable qu'il ne saurait en faire l'aumône d'un molécule : il s'est hissé sur un piédestal dont il ne descen-

dra plus que par une chute. Ne vous agitez
pas autour de lui : rien ne l'irrite plus ; à
chaque mouvement que vous faites, il croit
ses rayons interceptés. Mais n'insistez donc
pas, vous dis-je ! Quoi? Ne voyez-vous pas
qu'il s'est construit un temple où il est dieu,
prêtre et fidèle à la fois, qu'il est à lui seul
tout un dogme et toute une église? En vain
vous m'objecterez qu'il circule en son sanc-
tuaire un froid glacial, un éternel ennui.
Point; tout ce qui lui colle au corps lui tient au
cœur et suffit à le réchauffer ; depuis l'aurore
jusqu'au crépuscule il reste en contemplation
devant son nombril ; c'est le nombril sacré
dont l'aspect seul le fait vibrer d'aise !
Ses yeux ne lui permettent pas de percevoir
au delà, et d'ailleurs que lui servirait d'avoir
la vue plus longue? Son nombril n'est-il pas
suffisamment rose et ne justifie-t-il pas am-
plement l'idolâtrie qu'il en a ? Ne lui soute-
nez pas que le Parthénon est une pièce d'architecture plus noble : le Parthénon n'est

pas plus beau. Et puis, s'il daignait écouter, il fourbirait quelque arme rouillée de rhétorique et répondrait que le Parthénon est un monument d'un autre genre et que la comparaison n'est admise qu'entre deux objets de même nature. Ne cherchez pas à l'approcher de trop près : il contemple son nombril et ce n'est pas l'heure à laquelle il tolère les familiarités des petites gens. Et comment nommez-vous ce personnage ? Apprenez que son nom ne s'énonce pas : il se tonne : c'est *Arsène*, le critique influent. « *Arsène*, du plus haut de son esprit contemple les hommes, et dans l'éloignement où il les voit il est comme effrayé de leur petitesse.... » Voyez la suite dans La Bruyère.

Il est évident que ce n'est point avec de pareils bipèdes que la *Fourchette harmonique* peut s'entendre : mais elle recrutera de nouveaux membres partout où elle se trouvera en face d'hommes férus de musique et non d'une musique, amis de la littérature musicale pour les services qu'elle peut et doit rendre à la composition musicale, et enfin bibliophiles, c'est-à-dire amis des livres non-seulement pour le fonds, mais aussi pour la forme, pour l'enveloppe, pour le devoir qu'a chacun de ne rien laisser perdre ni mutiler de la *lettre moulée*. On ne saurait croire jusqu'à quel point la passion de la collection, de l'immatriculation des livres doit être prônée : il n'est pas jusqu'au maniaque, auquel il suffit de classer et de cataloguer sans lire, qui ne rende à son insu un éminent service à la littérature. Les bibliophiles de Paris ont-ils rencontré, comme moi, à l'étalage des bouquinistes, les ouvrages qu'un homme de lettres bien connu, populaire même, a vendu dernièrement à vil prix, après en avoir scalpé l'intérieur à coups de ciseaux pour les besoins de sa chronique ? Et non pas les livres banals d'indifférents ou d'étrangers, mais bien ceux de poètes inspirés, de prosateurs de mérite, d'auteurs dramatiques applaudis, avec des envois autographes attendris, s'il vous plaît!

Je laisse à penser de quelles épithètes la *Fourchette harmonique* assaisonna le nom de l'impertinent ; comme le père Duchêne, la *Fourchette harmonique* eut ce jour-là sa grande colère. Ce scandale était peu fait pour la raccommoder avec ceux qui n'ont pas le goût des livres : c'est assurément fort laid de ne pas être bibliophile, mais de cette lacune de goût à l'acte de vandalisme qui consiste à toucher du fer l'œuvre du typographe, il y a tout un monde.

Aussi, la *Fourchette* est-elle devenue sévère sur cet article, et elle se sent prise de ses idées noires lorsqu'il est question devant elle de ceux qui ne distinguent point entre un volume venu d'Épinal et un livre imprimé par Alcan-Lévy.

Comme nous l'avons déclaré dès le début, et selon le vœu de ses parrains, la *Fourchette harmonique* ne fonctionne pas sur les bases d'un programme arrêté : c'est rendre hommage

à la vérité de dire qu'on n'eût trouvé parmi
ses membres personne qui se fût soumis aux
capricieuses interprétations qu'on eût pu faire
d'un règlement, tant est riche de couleurs la
palette de ses opinions. La *Fourchette* n'a
donc frappé d'ostracisme aucune doctrine :
elle est même constituée de telle façon qu'elle
ne voudrait ni combattre aucun système, ni
faire échec à aucune réputation, ni mettre sa
plume au service d'aucun parti. Si jamais on
lui présentait un drapeau, un mot d'ordre ou
de ralliement pour une expédition agressive,
on ne rencontrerait que des déserteurs : une
pareille tentative serait la mort de la *Fourchette*, qui entend bien ne pas se lancer dans
les aventures : ceci dit pour prévenir toute
calomnie.

Ainsi la *Fourchette harmonique* ne pou-
vait se donner des lois ; elle a été plus sage,
elle s'est fait une hygiène qui est en même
temps une morale; elle a pris une précaution
qui est la garantie de sa bonne foi : elle a

exclu de son sein les compositeurs, parce qu'elle s'est réservée le libre examen. On découvre, il est vrai, dans la liste des membres de la Société, les noms de quelques musiciens de renom, mais ils n'y figurent qu'en raison de leurs travaux de littérature ou d'archéologie musicales, seuls titres d'admission qui soient reconnus parmi nous.

La réception des musiciens de profession à la *Fourchette*, c'était l'ère ouverte des restrictions mentales, des attitudes embarrassées, des susceptibilités éveillées et autres inconvénients des situations fausses. Rien ne s'oppose à ce que la représentation d'un mauvais opéra n'ait lieu le lendemain d'un bon dîner ni à ce qu'elle ait eu lieu la veille.

Il eût fallu opter pour la critique exposée à trahir l'amitié, ou pour l'amitié exposée à trahir la critique. On sait, d'autre part, que le talent vu trop souvent et de trop près a des rayonnements qui aveuglent comme ceux d'une lumière trop longtemps fixée : la lu-

mière est quelquefois éteinte alors que l'é-
blouissement dure encore. La *Fourchette*
n'a pas voulu s'exposer à ces effets d'optique
et se tient à l'écart des ascendants exercés
aussi directement.

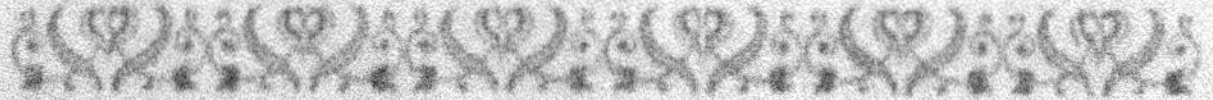

VII

Aces explications sur le rôle de *la Fourchette harmonique* par rapport à la musicologie, nous ajoutons, sous la rubrique *Appendice*, de brèves et sèches notices sur chacun de ses membres.

Nous avons eu peine à vaincre les scrupules de quelques-uns d'entre eux, prévenus, paraît-il, contre les trahisons des biographes.

Il a été décidé que toute épithète laudative serait mise sous séquestre; moyennant quoi, on s'est accordé à dire qu'il n'y a pas plus de vanité à faire faire sa biographie que de fatuité à faire faire sa photographie.

C'est l'argument qui a prévalu : daigne le public y répondre par cette parole de Boëce : « Vous avez une étroite obligation de bien faire, puisque vous faites toutes vos actions devant les yeux d'un juge qui voit tout...... et ce juge, c'est moi-même ! »

APPENDICE

CATALOGUE

BIOGRAPHIQUE ET BIBLIOGRAPHIQUE

DES MEMBRES

DE LA

Fourchette Harmonique

LEXIS AZEVEDO. — Né à Bordeaux le 18 mars 1813, année du *Nouveau Seigneur de Village*.

Roger de Beauvoir, dans son roman le *Chevalier de Saint-Georges*, met en scène le chanteur Azevedo, ami du célèbre Garat, en compagnie duquel il chantait à la cour de Marie-Antoinette. Cet artiste, d'ailleurs connu dans l'histoire de la musique, était cousin du grand-père de notre confrère. — Alexis Azevedo étudia successivement le violon et la flûte, mais il opta pour ce dernier instrument et entra, en 1832, à la classe de Tulou, au Conservatoire de Paris. Bientôt il sembla renoncer à la musique pour s'adonner aux affaires, sans pourtant perdre de vue son art de prédilection, car nous le retrouvons peu de temps après se livrant à la littérature musicale dans divers journaux, tels que le *Siècle* et la *France Musi-*

cale. Vers 1846, il est rédacteur en chef du journal la *Critique Musicale.* En 1858 et en 1859, il donne des articles-variétés à la *Presse* ; enfin, le 1er septembre 1859, il prend possession du feuilleton musical de l'*Opinion Nationale* et le garde jusqu'à la guerre de 1870. — Membre honoraire de la société chorale Galin-Paris-Chevé, il est un des plus ardents propagateurs de la nouvelle méthode d'enseignement musical. Les polémiques d'Azevedo pour l'adoption de cette méthode, celles qu'il a soutenues contre Fétis (*Origine de la gamme, Paternité de l'air de la Marseillaise*), contre Halévy (*Question des Muances*) et contre Scudo ont été remarquées. On se souvient aussi de ses campagnes contre Halévy, Gounod, Meyerbeer et Wagner. Mais, en dépit des objections et des ripostes, Azevedo tient bon et n'a rien modifié jusqu'à présent de ses opinions sur un genre de musique qu'il qualifie plaisamment d'école du *civet sans lièvre.*

Azevedo nous doit encore la publication d'un ouvrage intitulé : *Philosophie de la Musique,* auquel il travaille depuis plus de vingt années. — Voici maintenant le catalogue des livres publiés par notre confrère :

BIBLIOGRAPHIE

Sur le livre intitulé : Critique et littérature musicale *de M. P. Scudo.* (Paris, 1852, in-12.)

Félicien David, sa vie et son œuvre. (Paris, Heugel, 1863. 1 vol. gr. in-8, — portrait lithographié, deux autographes.)

Notice publiée par le *Ménestrel.*

G. Rossini, sa vie et ses œuvres. (Paris, Heugel, 1865. 1 vol. grand in-8. — Autographes et trois portraits dont un est la reproduction du médaillon en marbre d'H. Chevallier à l'Opéra.)

Sur un Nouveau signe proposé pour remplacer les trois clefs de la notation musicale. (Paris, Escudier et Girod, 1868, in-8.)

Conférence faite à la Société des compositeurs de musique.

Dictionnaire musico-humoristique, par le docteur Aldo, membre de la Fourchette harmonique et de plusieurs autres sociétés savantes, précédé d'un avertissement par Alexis Azevedo. (Paris, Gérard, 1870, in-12.)

On a de fortes raisons de supposer que le nom *Aldo* n'est qu'un pseudonyme composé des deux syllabes extrêmes de la signature ALexis AzeveDO : ce qui le prouverait, c'est que le docteur Aldo est toujours resté à l'état latent pour les membres de la *Fourchette harmonique.*

DANIEL BERNARD. — Né à Bordeaux en 1842, année du *Roi d'Yvetot*.

Ancien élève de l'École des Chartes, et sorti de l'École avec son diplôme d'archiviste paléographe. — Sa thèse sur Alain Chartier fut justement remarquée pour ses qualités littéraires. Après un court passage au journal hebdomadaire le *Contemporain*, Daniel Bernard fut appelé par M. de Riancey à *l'Union* : il y débuta par une série d'*Études* sur le dix-huitième siècle (*Mémoires de Mme d'Épinay, le Journal de Buvat, Fréron, Correspondance du maréchal de Noailles, Journal de Collé*, etc., etc.), et ne tarda pas à prendre en main le feuilleton dramatique et musical de ce journal, le rez-de-chaussée étant devenu libre par suite de la mort de Léon Kreutzer et de la retraite de Sylvain-Saint-Étienne. Il occupe cette place depuis 1868. Bernard a collaboré en outre au *Correspondant*, à l'*Événement* de M. de Villemessant et au *Figaro* actuel, où il a publié des portraits d'hommes du jour.

BIBLIOGRAPHIE

Les Virelais de Daniel Bernard. (Dentu, 1865, in-12.)

Dans de courts et touchants poèmes, Bernard a tenté de rajeunir le *virelai*, cette forme toute française de la poésie. Avis aux compositeurs en quête de paroles.

EN PRÉPARATION

*Libres critiques de musique et de littéra-
ture.*

Césarine, roman.

G USTAVE BERTRAND. — Né à Paris-Vaugirard
le 24 décembre 1834, année du *Chalet*.

Gustave Bertrand fit ses premières études au lycée
Louis-le-Grand : son nom a plus d'une fois été pro-
clamé au grand concours. Il puisa quelques notions
musicales à la Société chorale de Vaugirard, apprit seul
le piano, voire même l'harmonie d'après un plan ins-
tinctif qu'il se propose de développer un jour et de com-
parer avec la méthode classique. Élève de l'École des
Chartes, Bertrand en sortit, après les trois années
d'études réglementaires, avec le diplôme d'archiviste-
paléographe. Sa thèse portait sur un point d'archéologie musicale : *l'Histoire de l'Orgue dans l'antiquité et
au moyen âge*. Des fragments de ce travail ont paru
dans la *Maîtrise*, journal de musique religieuse, fondé
en 1857, par J. d'Ortigue et Niedermeyer. — Gustave
Bertrand fut ensuite secrétaire de Victor Cousin, auprès duquel il resta pendant trois ans ; il succéda, en
1859, à M. Albéric Second comme rédacteur en chef
de *l'Entr'acte*, et fut chargé, presque en même temps,
de la critique musicale à la *Revue germanique*

qui a pris depuis le titre de *Revue moderne*. C'est en novembre 1862 qu'il fut chargé du feuilleton dramatique et musical du *Nord*, qu'il n'a pas cessé de rédiger. — Il a donné et donne encore de nombreux articles à l'*Encyclopédie moderne* de Didot (Instruments de musique), à la *Revue et Gazette musicale*, au *Ménestrel*, aux *Débats*, au *Moniteur universel*, à la *Patrie*, au *Journal de Paris*, au *Soir*, à l'*Ami de la France*, supprimé par la *Commune, etc.; il est, en outre, depuis 1865, membre de la *Commission des travaux historiques* (section d'Archéologie) et de la *Société d'encouragement des études grecques*. Au mois de février 1872, le ministère de l'instruction publique l'a chargé d'une mission scientifique en Russie.

BIBLIOGRAPHIE

Histoire ecclésiastique de l'Orgue. (Paris, Ch. de Mourgues, 1859, in-8.)

Essai sur la musique dans l'Antiquité. (Paris, Didot, s. d., in-8.)

> Tirage à part sur deux colonnes, avec quatre planches gravées, d'un article fourni au *Complément de l'Encyclopédie moderne de Didot*.

L'Alceste, de Gluck.

Les Théâtres lyriques de Paris.

Les Origines de l'harmonie.

De la Réforme des études de chant au Conservatoire. (Paris, Heugel, 1871, in-8.)

*Les Nationalités musicales étudiées dans
le drame lyrique.* (Paris, Didier, 1871,
in-12 de 362 p. avec préface de XXXI p.)

JOSEPH DE FILIPPI. — Né à Milan le 12 mai 1825,
année du *Viaggio à Reims*.

Filippi est venu en France à vingt et un ans. Il débuta dans le journalisme par des articles politiques à *la République*, à *l'Estafette* et à *la Liberté* (1848-1851). En 1852, il entra comme secrétaire au Théâtre-Italien, et quitta ce poste l'année suivante, puis il collabora à la *Revue et Gazette des théâtres*, à *l'Entr'acte*, au *Messager des théâtres*, à *l'Italia musicale*, à la *Scena* de Venise, au *Messagiere di Parigi* (*Storia dei comici italiani à Parigi*). — La bibliothèque réunie par Filippi, et vendue en 1861, contenait environ dix mille volumes et pareil nombre d'estampes, le tout relatif au théâtre; plus une collection de plans et de vues de salles de spectacle unique en son genre et acquise en partie par la ville de Paris. Filippi avait généreusement distrait de sa vente ses ouvrages en double pour les offrir au Théâtre-Français (2,000 volumes) et à l'Opéra. — En 1865, à la veille de retourner en Italie dans l'idée de s'y fixer, Filippi a vendu à la Bibliothèque nationale un commencement de bibliographie et de biographie de l'Opéra-Italien, précieux recueil d'environ quatre mille cartes. Filippi recons-

titue ses collections. — On trouve dans la *Bibliotheca
italiana* de Milan, de 1847, un mémoire sur l'*Estetica
musicale*, signé : Giuseppe de Filippi; il est de son
père, médecin fort distingué.

BIBLIOGRAPHIE

Guide dans les théâtres. (Paris, 1857, in-4
oblong.) En collaboration avec l'architecte Chaudet.

*Parallèle des théâtres modernes de l'Eu-
rope*. (Paris, 1860, in-folio.)

L'*Introduction* est une histoire de l'Architecture
théâtrale. Importante publication avec 134 plan-
ches, en partie dessinées par Contant, ancien ma-
chiniste de l'Opéra. Une seconde édition a paru
chez A. Lévy fils, en 1861, format grand in-4.

*Jeanne la Folle, drame en cinq actes, tra-
duit de l'italien*. (Michel Lévy, 1860,
in-8.)

Blanche-Marie Visconti (Michel Lévy,
1861, in-8.)

Hamlet. (Michel Lévy, 1865, in-8.)

Struensée. (Michel Lévy, 1868, in-8.)

Depuis 1854, Filippi a traduit en français pour
Michel Lévy tous les libretti italiens : il n'a signé
que les précités.

D'autres travaux (manuels de langues étran-
gères, etc.), non signés, sont dus à Filippi, qui a
collaboré aussi au dixième volume des *Monuments
de l'histoire de France*, de M. Hennin.

EN PRÉPARATION

*Histoire de l'Opéra italien de Paris.
Bibliographie générale du Théâtre.*

Arthur Heulhard. — Né à Lormes (Nièvre),
le 11 mai 1849, année du *Prophète*.

Heulhard a débuté dans le journalisme par la critique
du Salon de 1869 au *Courrier de Paris*, journal hebdomadaire ; il a été secrétaire de la rédaction de la
Réforme et rédacteur au *Courrier français*, mais il a
renoncé à la politique active pour se livrer tout entier
« aux arts de la paix. » Il collabore à l'*Art musical*,
à la *France chorale*, etc. Heulhard a réuni une importante collection de tableaux. Sa bibliothèque, relative
particulièrement aux arts, compte environ cinq mille
volumes.

BIBLIOGRAPHIE

Étude sur Une Folie à Rome, *opéra bouffe
de Federico Ricci, avec un avant-pro-
pos par Albert de Lasalle, un portrait*

à l'eau-forte de Federico Ricci par Cucinotta, etc., etc... (Paris, Bachelin-Deflorenne, 1870, in-12.)

> Cette étude est suivie d'un Appendice contenant les opinions de la presse sur *Une Folie à Rome* et un catalogue complet des œuvres de F. Ricci.

La Fourchette harmonique, Histoire de cette Société gastronomique, littéraire et musicale, avec des notes sur la Musicologie en France. (Paris, A. Lemerre, 1872, in-12.)

EN PRÉPARATION

Histoire littéraire et musicale du premier opéra comique français.

Les trois Nattier. — Étude et catalogue de l'œuvre de ces artistes.

ALBERT DE LASALLE. — Né au Mans, le 16 août 1833, année de *Gustave III ou le Bal masqué*.

Il termina ses études classiques à Paris où il prit les grades de bachelier ès-lettres, ès-sciences physiques, et en droit. Menant d'ailleurs de front ses études musicales, il fut de 1852 à 1856 plus assidu à la

Bibliothèque du Conservatoire qu'à celle de la Sorbonne ; et c'est durant ces mêmes années qu'il dirigea l'orchestre d'une société philharmonique d'artistes et d'amateurs, qu'il publia aussi un certain nombre de morceaux de musique vocale et instrumentale. Après avoir essayé de diverses carrières (les Finances, le Télégraphe, la Bourse), mais sans dépasser le surnumérariat, il se livra définitivement au journalisme, s'insinuant de la musique dans la littérature par le canal de la critique musicale. — Depuis le mois de mai 1857, il rédige la « Chronique musicale » du *Monde illustré*. Il a tenu le même emploi à la *Nouvelle Revue de Paris* et aux *Nouvelles*. — Ses divers travaux sur le théâtre, les voyages, les mœurs parisiennes, et même sur la politique, ont paru dans l'*Illustration* (où il fit ses débuts de journaliste en janvier 1854), la *Vie parisienne* (sous plusieurs pseudonymes), le *Charivari*, le *Journal amusant*, le *Figaro* (série bihebdomadaire non politique), le *Papillon*, l'*Été*, le *Yacht*, la *Chronique universelle*, le *Boulevard*, le *Nouvel organe*, la *Revue théâtrale*, la *Petite presse*, les *Faits divers* (feuille populaire qu'il avait fondée un an avant l'apparition du *Petit Journal*), l'*Union de la Sarthe*, l'*Écho de la Mayenne*, le *Moniteur du Puy-de-Dôme*, etc.

BIBLIOGRAPHIE

Histoire des Bouffes-Parisiens. (Paris, Librairie Nouvelle, 1860, in-32.)
La Musique à Paris, en collaboration avec E. Thoinan. (Paris, Morizot, 1863, in-18.)

Meyerbeer, sa biographie et le catalogue de ses œuvres. (Paris, Dentu, 1864, in-16.)

L'Hôtel des Haricots, maison d'arrêt de la garde nationale, avec 70 dessins de F. Morin, d'après Decamps, Deveria, Aimé Millet, Yvon, Traviès, Célestin Nanteuil, Daumier, Ciceri, etc... (Paris, Dentu, 1864, gr. in-16.)

Cet ouvrage a atteint sa cinquième édition.

Dictionnaire de la Musique appliquée à l'Amour, avec un frontispice de F. Morin. (Paris, A. Lacroix et Verboeckoven, 1868, in-18.)

L'appendice de cet ouvrage donne le catalogue avec commentaires de tous les dictionnaires de musique publiés en français.

Un Malade au mois, pièce en un acte, en collaboration avec Cham. (Paris, Dentu, 1868, in-18.)

Cette pièce a été jouée sur le théâtre du Palais-Royal par MM. Gil Pérès, Lhéritier, R. Luguet et Mlle Reynold.

La Musique au siége de Paris. Impres-

sions du moment et souvenirs anecdoti-
ques. (Paris, Lachaud, 1872, in-12.)

EN PRÉPARATION

*Les Théâtres de Venise vers la fin du dix-
septième siècle.*

MATHIEU DE MONTER. — Né à Bordeaux le
1ᵉʳ mai 1835, année de l'*Éclair*.

M. de Monter fut reçu de bonne heure bachelier
ès-lettres et bachelier ès-sciences : puis il suivit
les cours de la Faculté de médecine de Strasbourg,
mais il avoue avoir prélevé sur l'étude de Celse et de
Galien le temps nécessaire pour créer *le Biturard*,
feuille satirique qu'il rédigeait seul et dont les cari-
catures coloriées étaient de Ch. Lallemand. Ses
voyages, aventures et souvenirs de jeunesse ont été
recueillis et racontés dans *Gazettes et Gazetiers*, de
J. F. Vaudin. — Monter vint ensuite à Paris : il
avait étudié la musique avec Conrad Berg, élève
favori de Hummel et ami de Beethoven, et pensait à
utiliser sérieusement les leçons qu'il en avait reçues. Il
collabora successivement à l'*Europe Artiste*, au *Messager des Théâtres*, à l'*Orchestre*, à l'*Orphéon*, à la

Revue et Gazette Musicale : il appartient à ce dernier
journal depuis quatorze ans ; il y a remplacé, comme
rédacteur principal, Edouard Monnais, en 1866, et y
a publié quantité de travaux d'histoire, d'esthétique,
de biographie et de bibliographie, en grande partie
reproduits ou cités par les feuilles spéciales de l'étranger, le *Musical Wordl*, de Londres, par exemple. De
Monter est un promoteur persévérant et convaincu du
chant choral, qu'il considère comme le grand élément
moralisateur des classes laborieuses. Il est membre
de presque tous les jurys orphéoniques, et auteur des
paroles d'une série de chœurs à quatre voix d'hommes,
les Bûcherons, *les Chanteurs florentins*, *Liberté*,
liberté ! etc., etc. Il était l'un des organisateurs et le
secrétaire général du fameux festival de Londres et
des deux festivals de Paris, qui ont réuni chaque fois
près de *cinq mille* orphéonistes. — Monter s'est
quelquefois souvenu qu'il avait été nourrisson d'Hip-
pocrate, *alumnus Hippocratis* : il a soutenu dans le
Propagateur Homœopathique du docteur Oriard de
vigoureuses polémiques contre les adversaires de la
doctrine hahnemannienne. Outre ses travaux de musique et de médecine, il a donné beaucoup d'articles à
la *Presse*, au *Figaro*, au *Journal de l'Oise*, etc., etc.;
il a fondé jadis la *Petite Presse*, le *Béranger*, feuilles
mortes avant la saison. Il était, en 1859, rédacteur en
chef du *Mémorial d'Amiens*.

BIBLIOGRAPHIE

*Études biographiques et critiques : Louis
Lambillotte et ses frères.* (Paris, Ruffet,

1871, in-12.) Portrait et deux autographes.

EN PRÉPARATION

La Musique populaire dans le midi de la France.

Les Orphéons du temps passé.

Mémoires d'un touriste musicien en Italie. (Président de Brosses.)

Études biographiques et critiques : Stéphen Heller. — Hector Berlioz.

La Musique et la Société française ou Histoire du dilettantisme.

Épigraphie musicale.

Rameau et son temps.

EDMOND NEUKOMM. — Né à Rouen, le 2 novembre 1840, année de la *Favorite*.

Le père de Neukomm était élève de Michel Haydn, et professeur de musique. Sigismond Neukomm, organiste remarquable, compositeur habile et fécond, était son oncle. Après deux années de voyage en Allemagne et en Russie, Neukomm est entré dans la presse musicale. Il collabore à l'*Art musical*, à la *Revue et Gazette musicale*, où il a été chargé de continuer la biographie de Weber, commencée par Edouard Monnais; au *Soir*, à la *Saison musicale*. (Faure, 1867, in-12), etc., etc.

BIBLIOGRAPHIE

Histoire de Freischütz. (Faure, 1867, in-12.)

EN PRÉPARATION

Les Allemands devant Paris, d'après des documents allemands.

ARTHUR POUGIN. — Né à Châteauroux (Indre) le 6 août 1834, année de *Lestocq*.

Venu jeune à Paris, Pougin suivit les cours du Conservatoire, dans la classe de M. Guérin pour le violon, et dans celle de M. Henri Reber pour l'harmonie; à treize ans il était musicien d'orchestre (*Cirque*, *Vaudeville*, *Concert Musard*, *Gymnase* (violon solo), premier violon à l'*Opéra-Comique*). Il a été chef d'orchestre au petit théâtre Beaumarchais, aux Folies-Nouvelles, et a composé, pendant son séjour au Gymnase, des ouvertures de vaudevilles, des morceaux de musique de danse et de fantaisie à Valentino et au Casino : il a écrit les paroles et la musique de deux opéras comiques, dont l'un a été représenté, en 1856,

chez Augustine Brohan ; l'autre, *le Cabaret de Ram-
ponneau*, est reçu au Théâtre-Lyrique. — Pougin
aborda la littérature musicale en 1859, dans la *Revue
et Gazette musicale*, par une série d'articles (*de l'Origine de la gamme et des noms des sept notes qui la
composent*). Il devient successivement, soit pour la
musique, soit pour la politique, collaborateur des journaux la *France musicale*, l'*Art Musical*, le *Ménestrel*,
le *Figaro-Programme*, la *Jeune France*, le *Paris illustré*, la *Revue contemporaine*, l'*Opinion Nationale*, le
National, la *Liberté*, l'*Histoire*, l'*Electeur libre*, la
Cloche, le *Bien public*, le *Charivari*, etc., etc. Il est
aujourd'hui critique musical du *Soir*. Ces divers travaux lui ont encore laissé le temps de donner au
Grand Dictionnaire du XIX siècle*, de Larousse,
tous les mots ayant trait à la musique, à partir du
mot : *Chants*.

BIBLIOGRAPHIE

André Campra. (Chaix, 1861, in-8.
Gresnick.   »   1862,   »
Dezèdes.   »   »   »
Floquet.   »   1863,   »
Martini.   »   1864,   »
Devienne.   »   »   »

    Cette série de tirages à part de la *Revue et Ga-
zette musicale* a paru sous la rubrique : *Musiciens français du XVIII* siècle*.

Meyerbeer, notes biographiques. (Paris,
Tresse, 1864, in-12.)

F. Halévy, *écrivain*. (Paris, Claudin, 1865, in-8.)

William Vincent Wallace, étude biographique. (Paris, Ikelmer, 1866, in-8.)

De la Littérature musicale en France. (Paris, Ikelmer et Liepmannsohn, 1867, in-8.)

Léon Kreutzer. (Paris, Liepmannsohn et Dufour, 1868, in-8.)

De la Situation des compositeurs de musique et de l'avenir de l'art musical en France, mémoire présenté au ministre de la Maison de l'Empereur et des Beaux-Arts, par Louis Martinet, directeur du théâtre des Fantaisies-Parisiennes. (Paris, Claye, s. d. [1867], in-8.)

Utile en ce qu'il donne un historique et un répertoire complet des Fantaisies-Parisiennes.

La Fête des Nations, à-propos allégorique. (Paris, Ikelmer, 1867, in-8.)

Exécuté aux Fantaisies-Parisiennes, avec la musique d'Adrien Boïeldieu.

Almanach de la Musique, 1866-1867-1868. (Paris, Ikelmer.)

Sans nom d'auteur, avec cette mention : par

un musicien. Les années 1867 et 1868 ont chacune un supplément.

Bellini, sa vie, ses Œuvres. (Paris, Hachette, 1868, in-12. Portrait et autographes.)

Albert Grisar, étude artistique. (Paris, Hachette, 1870, in-12. Portrait et autographes.)

Rossini, notes, impressions, souvenirs, commentaires. (Paris, Claudin et Ikelmer, 1871, in-8.)

EN PRÉPARATION

Boïeldieu, sa vie, ses œuvres, son caractère, sa correspondance.

Adolphe Adam, étude artistique.

Voyage en Hollande.

Les Théâtres à Paris pendant la Révolution.

Histoire de la presse en France, du 4 septembre 1870 au 4 septembre 1871.

Ellevion, souvenirs d'un grand artiste.

Louis ROGER. — Né à Rouen, le 30 décembre 1824, année du *Concert à la Cour*.

Élève d'Orlowski pour le piano, de Charpaux pour le violon et de Naudin pour l'orgue, Louis Roger était organiste à treize ans. Il a tenu cet emploi pendant vingt ans. Protégé par un avocat qui ne négligeait rien pour son instruction, et mis à même d'opter entre diverses carrières, il donne ses préférences aux lettres et aux arts, se fait connaître par la publication de plusieurs poésies et s'essaie dans la critique à l'*Agent dramatique* de Toulouse, au *Rouennais*, au *Théâtre*, avec Édouard Fournier. — En 1860, Roger vient à Paris : il succède à Adrien de la Fage comme rédacteur en chef de la *Revue de musique sacrée* et crée avec Georges Schmitt la *Société académique de musique sacrée*, puis l'*Association Grégorienne*. En 1863, il remplace Stéphen de la Madeleine comme rédacteur en chef de l'*Univers musical*. En 1865, il est placé à la tête de la *Semaine musicale* par un groupe de compositeurs et d'organistes qui lui confiait la fortune de cette nouvelle feuille. On doit à Louis Roger la création du *Comité de propagande musicale* pour l'exécution des œuvres des compositeurs vivants. Il est depuis bientôt vingt ans rédacteur en chef de la *Réforme musicale*, organe de la doctrine Galin-Paris-Chevé. Il a pris la part la plus active aux luttes de cette École, dont il a exposé les principes dans des cours publics qu'il avait ouverts à cet effet, et qui furent très suivis. Il a publié dans les journaux spéciaux quantité de travaux considérables, qui seront recueillis un jour en volumes : *Études sur Frédéric Bérat* (*Semaine musicale*) ; *Entretiens sur le plain-chant et sur la musique ancienne* (*Réforme musicale*); *Histoire de la musique religieuse en Russie* (*Revue de musique sacrée*), etc., etc.

BIBLIOGRAPHIE

Mozart, étude biographique (E. Repos).

Beethoven.

Frédéric Viret, biographie.

Georges Schmitt.

Le Chanoine Jouve.

Souvenirs de l'Exposition universelle.
La Chapelle du parc. (Dieppe, imp. Delevoye, 1867.)

Solfége Galiniste, à l'usage des écoles. Recueil d'airs notés et chiffrés. (Strasbourg, Berger-Levrault.)

EN PRÉPARATION

Essai d'esthétique musicale.

Traité de prosodie à l'usage des compositeurs et des chanteurs.

Étude raisonnée de l'Art et du Chant.

Poésies.

Cours complet de pédagogie musicale.

Ernest Thoinan. — Né à Nantes le 23 janvier 1827, année de *Masaniello*.

Thoinan est venu à Paris en 1844 : il a fait de longs voyages en Angleterre, en Amérique, en Russie, en Italie, etc., etc. Il doit à l'étude spéciale des œuvres de Méhul son goût dominant pour la musique. Sa bibliothèque musicale, commencée vers 1860, est le meilleur démenti à opposer au préjugé qui veut que la littérature musicale française n'existe point : cette collection dépasse aujourd'hui celles de la Fage et de Farrenc, si riches déjà en raretés de toute sorte ; les séries y sont aussi complètes que possible, et les exemplaires en bon état. Thoinan est la providence des membres de la *Fourchette*, usufruitiers de sa bibliothèque. Malheureusement, et au regret de tous, il ne peut consacrer à ses recherches historiques et bibliographiques de la musique que les rares loisirs que lui laissent les affaires. Il est collaborateur de la *Semaine Musicale*, de l'*Art Musical* et de la *France Musicale*.

BIBLIOGRAPHIE

La Musique à Paris. (Paris, Morizot, 1863, in-12.) En collaboration avec Albert de Lasalle.

Les Origines de la Chapelle-Musique des Souverains de France. (Paris, Claudin, 1864, in-12.)

*La Déploration de Guillaume Cretin sur
le trépas de Jean Ockeghem, musicien,
premier chapelain du roi de France et
trésorier de Saint-Martin de Tours, re-
mise au jour, précédée d'une introduction biographique et critique, et annotée
par...* (Paris, Claudin, 1864, gr. in-8.)

*Maugars, célèbre joueur de viole, musicien
du cardinal de Richelieu, etc... Sa biographie, suivie de sa Responce faite à
un curieux sur le sentiment de la musique d'Italie, avec notes et éclaircisse-
ments.* (Paris, Claudin, 1865, in-8.)

*Antoine de Cousu et les singulières desti-
nées de son livre rarissime : la Musique
universelle.* (Paris, Claudin, 1866,
in-12.)

*Curiosités musicales et autres trouvées
dans les œuvres de Michel Coyssard,
de la Compagnie de Jésus.* (Paris, Claudin, 1866, in-12.)

*L'opéra les Troyens au Père Lachaise,
lettre de feu Nantho, ex-timbalier*

soliste, etc... (Paris, Towne, 1863, in-8.)

Les membres de la *Fourchette harmonique* lui attribuent ce curieux opuscule satirique.

EN PRÉPARATION

Lulli, son caractère, ses mœurs, ses bouffonneries, etc.

Méhul.

Les Philidor. (Travail essayé dans la *France musicale.*)

Histoire de la presse musicale en France.

La vérité sur le neveu de Rameau.

FRANÇOIS DE VILLARS. — Né à l'île Bourbon le 26 janvier 1825, année de la *Dame Blanche*.

F. de Villars est venu en France à quinze ans pour terminer ses études : il s'est occupé de bonne heure de musique, a étudié la flûte, et a travaillé l'harmonie avec Deldevez. Il a jeté au feu ses compositions de jeunesse et n'a pas tracé une seule note sur la portée depuis cette crémation, mais il n'a cessé de cultiver la littérature musicale, qu'il a de tout temps mencé de front avec la critique d'art. Il a rédigé le feuilleton musical de l'*Europe*, de Francfort, et y a jugé le Salon de 18… Il collabore à l'*Art Musical* depuis sa création : il y alterna longtemps avec Scudo pour l'article de fond (études sur Paesiello, Cimarosa, Sacchini, Mondonville, Gluck, Rossini, Mozart, Pergolèse). Il a donné des articles d'art à la *Revue Germanique* (Memling et les Van Eyck), à la *Revue universelle des Arts* de Paul Lacroix (les trois Drouais, les musées de province, la lithographie des maîtres, etc.). — De Villars s'est formé une belle collection de tableaux sans parti pris d'école : il n'est pas étranger pourtant au revirement qui s'est fait depuis vingt ans en faveur des maîtres français du XVIIIe siècle.

BIBLIOGRAPHIE

Notes sur Clodion, statuaire. (Paris, Renouard, 1862, in-8.)

La Serva padrona, son apparition à Paris en 1752, son influence, son analyse. Querelle des Bouffons. (Paris, 1863, gr. in-8.)

Notices sur Luigi et Federico Ricci, suivies d'une analyse de Crispino e la Comare. (Paris, 1866, in-12.)

Les Iphigénies de Gluck. (Paris, Liepmannsohn, 1868, gr. in-8.)

EN PRÉPARATION

Dante et son siècle.

Pergolèse.

Portraits artistiques. (Peintres et musiciens.)

ALBERT VIZENTINI. — Né à Paris le 9 novembre
1841, année de la *Reine de Chypre.*

Albert Vizentini est le descendant d'une famille
d'artistes bien connue dans l'histoire du théâtre ; il
est fils d'A. Vizentini, ex-administrateur de l'Opéra,
puis directeur de l'Odéon, et petit-fils de Vizentini,
du théâtre Feydeau. Il a fait ses études musicales en
Belgique avec Fétis et Léonard, au Conservatoire de
Bruxelles, où il a obtenu un premier prix de violon
(1860) et un premier prix de composition (1861).
Voici ses états de service comme musicien, chef d'orchestre et compositeur : de 1857 à 1860, musicien au
Grand-Théâtre et au Conservatoire de Bruxelles; en
1861, second chef d'orchestre à Anvers et voyage de
virtuose en Belgique avec Mme Miolan-Carvalho; en
1862, violon solo aux Bouffes-Parisiens et dans les
concerts; de 1863 à 1867, violon solo au Théâtre-
Lyrique, et premier violon au concert Pasdeloup. De
1868 à 1870, chef d'orchestre à la Porte-Saint-Martin; pendant les étés de 1869-70-71, chef d'orchestre des théâtres Saint-James, Lycœum et Princess',

à Londres; actuellement chef d'orchestre à la Gaîté, où il a été engagé pour monter le *Roi Carotte*. Auteur de plusieurs cantates exécutées à Anvers, et à Paris au Vaudeville et à la Porte-Saint-Martin; de *la Tsigane*, opérette en un acte (1865, Folies-Marigny), du *Moulin ténébreux*, un acte (1869, Bouffes-Parisiens), de chœurs, chants, ballets, ouvertures et entr'actes à la Porte-Saint-Martin et à la Gaîté, dans *Nos Ancêtres*, *Cadio*, *Patrie*, le *Bossu*. Il est membre des meilleures sociétés chorales de Belgique. — Vizentini appartient à la *Fourchette harmonique* et à la littérature musicale par sa collaboration au *Grand Journal*, à l'*Entr'acte*, au *Charivari*, à l'*Art Musical*, à l'*Événement illustré*, au *Paris-Magazine*, à l'*Éclair*, et par sa fondation du *Télégraphe*, journal de musique tué par la guerre.

BIBLIOGRAPHIE

Derrière la toile. (Paris, Faure, 1868, in-12.)

EN PRÉPARATION

Paris-Lyrique. Notes et critiques musicales.

Mémoires d'un claqueur. Histoire de trente ans.

La Flore théâtrale. Croquis et portraits.

Jean-BAPTISTE WECKERLIN. — Né à Gueb-
viller (Haut-Rhin), en 1825, année du *Maçon.*

MM. Fétis (*Biographie générale des Musiciens*) et
G. d'Heilly (*Dictionnaire des pseudonymes*) font naître
Weckerlin en 1821 (voilà l'erreur rectifiée) : « Weckerlin, dit M. Fétis, est fils d'un teinturier et fabricant
d'étoffes de coton qui le destinait à la carrière indus-
trielle. Après quatre années passées au collège de la
Chapelle, le jeune Weckerlin fut envoyé à Strasbourg
pour y fréquenter le cours de sciences de l'Académie.
Il y suivit aussi le cours de mécanique professé par
l'habile mécanicien Schwilgué, constructeur de l'hor-
loge astronomique de cette ville, puis il retourna chez
ses parents pour se vouer à l'état de son père ; mais
bientôt il en éprouva du dégoût. Incessamment préoc-
cupé de musique et décidé à se livrer à la culture de
cet art, il s'enfuit de la maison paternelle et arriva à
Paris, le 25 juin 1843. Admis au Conservatoire le
8 janvier 1844, il fit un cours d'harmonie dans la
classe de M. Elwart, puis il devint élève d'Halévy
pour le contrepoint. Sorti de cette école en 1849, il se
livra à l'enseignement et à la composition. » — Comme
compositeur, Weckerlin a publié : 1° Environ cent
cinquante *romances, mélodies et duos* ; 2° Des qua-
tuors de salon, morceaux de piano et chœurs ; 3°
Messe à deux voix égales ; 4° *Chants des Alpes,* vingt
tyroliennes avec accompagnement de piano ; 5° Six
cantiques et motets. Il a donné au Théâtre-Lyrique
l'*Organiste,* opéra comique en un acte, le 17 mai 1853.
D'autres opéras : *les Revenants bretons* (un acte),
Tout est bien qui finit bien (un acte), *la Sérénade in-*

terrompue, ont été représentés dans divers salles de concerts. — Comme homme de lettres, Weckerlin a inséré de nombreuses études dans le *Bulletin de la Société des compositeurs de musique*, dont il est le bibliothécaire-archiviste : (*Origines comparées du chant et du langage, Histoire de la Chanson, Histoire de l'impression de la musique, Fêtes et chansons populaires du printemps et de l'été*, etc., etc.). Il collabore assidument au *Ménestrel*, à l'*Art Musical*, à la *Revue et Gazette musicale*, etc.— Comme bibliophile, il s'est fait une spécialité de la chanson ancienne et moderne, étrangère et française : il a tiré de l'oubli quantité de monuments curieux de la gaité populaire. — Weckerlin est préposé à la bibliothèque du Conservatoire de musique.

BIBLIOGRAPHIE

Echos du temps passé, recueil de chansons, noëls, madrigaux, brunettes, etc... du douzième au dix-huitième siècle, suivis de chansons populaires, etc... Avec des notes biographiques et bibliographiques. (Paris, Flaxland, 1853-1855, 3 vol. gr. in-8.)

Le troisième volume des *Echos* a paru chez Legouix en 1864, sous le titre : *Souvenirs du temps passé*.

Chansons populaires des provinces de

France, avec accompagnement de piano.
(Paris, Librairie Garnier.)
Les Poètes français, mis en musique,
avec notes biographiques. (1 vol. in-8.
Paris, Flaxland, 1870.)

EN PRÉPARATION

Les Ana de la Musique.
La Chanson populaire en Alsace.
Histoire de la Chanson populaire en
France depuis son origine jusqu'à nos
jours.

Achevé d'imprimer

le vingt juin mil huit cent soixante-douze

Pour Alphonse Lemerre

Par Alcan-Lévy

61, rue de Lafayette, 61

à Paris

Paris. — Imprimerie Alcan-Lévy
61, Rue de Lafayette, 61